Las cosas que me gustan

Me gusta bailar

por Meg Gaertner

www.littlebluehousebooks.com

© 2023 por Little Blue House, Mendota Heights, MN 55120. Todos los derechos reservados. Ninguna parte de este libro puede ser reproducida ni utilizada de ninguna manera ni por cualquier medio sin el permiso escrito de la editorial.

Traducción: © 2023 por Little Blue House
Título original: I Like to Dance
Texto: © 2023 por Little Blue House
Traducción: Annette Granat

La serie Little Blue House es distribuida por North Star Editions.
sales@northstareditions.com | 888-417-0195

Este libro ha sido producido para Little Blue House por Red Line Editorial.

Fotografías ©: Imágenes de iStock: portada, 4, 9, 11, 12–13, 15, 16 (esquina superior izquierda), 16 (esquina superior derecha), 16 (esquina inferior izquierda), 16 (esquina inferior derecha); imágenes de Shutterstock: 6–7

Library of Congress Control Number: 2022912420

ISBN
978-1-64619-682-1 (tapa dura)
978-1-64619-714-9 (tapa blanda)
978-1-64619-777-4 (libro electrónico en PDF)
978-1-64619-746-0 (libro electrónico alojado)

Impreso en los Estados Unidos de América
Mankato, MN
012023

Sobre la autora

Meg Gaertner disfruta leer, escribir, bailar y hacer actividades al aire libre. Ella vive en Minnesota.

Tabla de contenido

Me gusta bailar 5

Glosario 16

Índice 16

Me gusta bailar

Bailo sola.

Escucho música.

Bailo en una clase.
Nos movemos de la
misma forma.

Bailo ballet.

Pongo los dedos

en punta.

Levanto el brazo.

Bailo con mi mamá.

Ella me hace girar.

Bailo con mi papá.

Él me levanta.

papá

Levanto las piernas.
Hago un
movimiento difícil.

Glosario

ballet

mamá

clase

papá

Índice

B
ballet, 8

C
clase, 6

M
música, 5

P
piernas, 14